獻給我的寶貝男孩，墨里斯、拿但內爾、卡爾和馬加比。
要聽媽媽的話，做個好孩子！ —— J.M.

獻給賽門。要友愛他人，也要愛護你自己。 —— M.B.E

Thinking 0075
我的第一本性別平等小書：男生版

文｜茱莉‧莫柏格 Julie Merberg
圖｜蜜雪兒‧布魯莫‧艾弗莉特 Michéle Brummer Everett
譯｜羅吉希

字畝文化創意有限公司
社長兼總編輯｜馮季眉
主　　編｜許雅筑、鄭倖伃
責任編輯｜戴鈺娟
編　　輯｜陳心方、李培如
美術設計｜菩薩蠻電腦科技有限公司

出　　版｜字畝文化／遠足文化事業股份有限公司
發　　行｜遠足文化事業股份有限公司（讀書共和國出版集團）
地　　址｜231新北市新店區民權路108-2號9樓
電　　話｜(02)2218-1417
傳　　真｜(02)8667-1065
客服信箱｜service@bookrep.com.tw
網路書店｜www.bookrep.com.tw
團體訂購請洽業務部 (02) 2218-1417 分機1124

法律顧問｜華洋法律事務所　蘇文生律師
印　　製｜中原造像股份有限公司

2022年4月　初版一刷　2023年11月　初版三刷
定價｜250元　書號｜XBTH0075　ISBN｜9786267069547

特別聲明：有關本書中的言論內容，不代表本公司／出版集團之立場與意見，文責由作者自行承擔。

國家圖書館出版品預行編目（CIP）資料

我的第一本性別平等小書：男生版/茱莉.莫柏格(Julie Merberg)文；蜜雪兒.布
魯莫.艾弗莉特(Michéle Brummer Everett)圖；羅吉希譯. -- 新北市 :字畝文化出
版 : 遠足文化事業股份有限公司發行, 2022.04
32面 ; 17.8×17.8公分
譯自：My first book of feminism (for boys)
ISBN 978-626-7069-54-7(精裝)

1.CST: 性別平等 2.CST: 性別教育 3.CST: 通俗作品 4.SHTB: 心理成長--3-6
歲幼兒讀物

544.7　　　　　　　　　　　　　　　111002770

我的第一本
性別平等小書
男生版

文｜茱莉·莫柏格　　　圖｜蜜雪兒·布魯莫·艾弗莉特　　　譯｜羅吉希
Julie Merberg　　　　Michéle Brummer Everett

不管任何時候，
都要尊重你的媽媽。
因為把你帶到這個世界上的，
就是她！

你可以大方表現你的愛，
也可以因為傷心而哭泣。

誰ㄕㄟˊ說ㄕㄨㄛ男ㄋㄢˊ生ㄕㄥ只ㄓˇ能ㄋㄥˊ開ㄎㄞ心ㄒㄧㄣ或ㄏㄨㄛˋ生ㄕㄥ氣ㄑㄧˋ？

將ㄐㄧㄤ來ㄌㄞ有ㄧㄡ一ㄧ天ㄊㄧㄢ，
你ㄋㄧ會ㄏㄨㄟ變ㄅㄧㄢ得ㄉㄜ強ㄑㄧㄤ壯ㄓㄨㄤ、 力ㄌㄧ氣ㄑㄧ大ㄉㄚ。
但ㄉㄢ如ㄖㄨ果ㄍㄨㄛ你ㄋㄧ以ㄧ為ㄨㄟ力ㄌㄧ氣ㄑㄧ就ㄐㄧㄡ是ㄕ力ㄌㄧ量ㄌㄧㄤ，
那ㄋㄚ就ㄐㄧㄡ大ㄉㄚ錯ㄘㄨㄛ特ㄊㄜ錯ㄘㄨㄛ啦ㄌㄚ！

互相尊重！

基本人權！

生而平等！

多多動腦想一想，
勇敢說出對與錯。
女生跟你一樣有力量，
討論問題，動口不動手。

你²可²以²玩³扮²家³家³酒²或²摔²角²，
也²可²以²畫³畫³、 玩³玩³具²。
世²上²所²有²的²遊²戲²，
男³生² 、 女³生²都²可²以²參²與²！

女_ㄋ生_ㄕ也_ㄝ是_ㄕ好_ㄏ朋_ㄆ友_ㄡ， 大_ㄉ家_ㄐ和_ㄏ和_ㄏ氣_ㄑ氣_ㄑ一_一起_ㄑ玩_ㄨ。
和_ㄏ不_ㄅ一_一樣_一的_ㄉ人_ㄖ交_ㄐ朋_ㄆ友_ㄡ， 能_ㄋ讓_ㄖ生_ㄕ活_ㄏ更_ㄍ好_ㄏ玩_ㄨ。

吃完東西，順手把餐具洗一洗。
杯子、盤子，都要自己清乾淨。

尿尿之前，　要先立起座墊別忘記。
做個貼心的孩子，　不讓環境髒兮兮。

等你慢慢長大，　就可以開始學做家事。
起床棉被整理好，　出門幫忙倒垃圾，
洗好衣服摺整齊，　地板髒了動手掃。

把房間整理乾淨——男生、女生都要做。
自己的東西，自己主動負責收。

要ㄧㄠˋ努ㄋㄨˊ力ㄌㄧˋ多ㄉㄨㄛ學ㄒㄩㄝˊ習ㄒㄧˊ，
長ㄓㄤˇ大ㄉㄚˋ才ㄘㄞˊ能ㄋㄥˊ變ㄅㄧㄢˋ成ㄔㄥˊ很ㄏㄣˇ酷ㄎㄨˋ的ㄉㄜ˙大ㄉㄚˋ人ㄖㄣˊ物ㄨˋ：
消ㄒㄧㄠ防ㄈㄤˊ救ㄐㄧㄡˋ火ㄏㄨㄛˇ、 烘ㄏㄨㄥ焙ㄅㄟˋ甜ㄊㄧㄢˊ點ㄉㄧㄢˇ、 駕ㄐㄧㄚˋ駛ㄕˇ火ㄏㄨㄛˇ箭ㄐㄧㄢˋ，
或ㄏㄨㄛˋ到ㄉㄠˋ學ㄒㄩㄝˊ校ㄒㄧㄠˋ教ㄐㄧㄠ書ㄕㄨ。

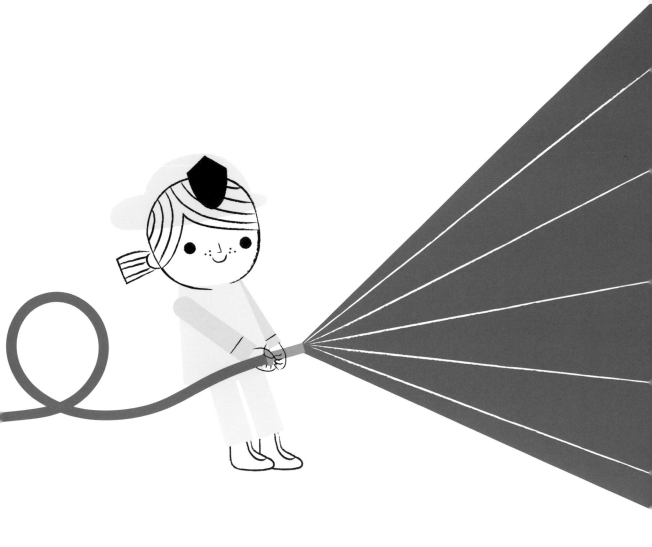

找到喜歡做的事，每天開心去工作。
如果有女生跟你做一樣的事，
薪水應該一樣多！

當ㄉㄤ女ㄋㄩˇ生ㄕㄥ對ㄉㄨㄟˋ你ㄋㄧˇ說ㄕㄨㄛ：「不ㄅㄨˋ要ㄧㄠˋ碰ㄆㄥˋ我ㄨㄛˇ！」
或ㄏㄨㄛˋ是ㄕˋ請ㄑㄧㄥˇ你ㄋㄧˇ走ㄗㄡˇ開ㄎㄞ幾ㄐㄧˇ步ㄅㄨˋ，

就ㄐㄧㄡˋ要ㄧㄠˋ離ㄌㄧˊ她遠ㄩㄢˇ一ㄧ點ㄉㄧㄢˇ， 不ㄅㄨˋ要ㄧㄠˋ碰ㄆㄥˋ到ㄉㄠˋ她———
因ㄧㄣ為ㄨㄟˋ女ㄋㄩˇ生ㄕㄥ說ㄕㄨㄛ不ㄅㄨˋ， 就ㄐㄧㄡˋ是ㄕˋ不ㄅㄨˋ！

想要讓世界變得公平、正義，
需要你幫忙，讓人人都知道：

女生的權利，就和男生一樣重要。

對女生，我們要學會
友善、平等和尊重，

因ㄧㄣ為ㄨㄟˋ有ㄧㄡˇ她ㄊㄚ們ㄇㄣˊ和ㄏㄢˊ男ㄋㄢˊ生ㄕㄥ合ㄏㄜˊ作ㄗㄨㄛˋ，
才ㄘㄞˊ能ㄋㄥˊ撐ㄔㄥ起ㄑㄧˇ這ㄓㄜˋ片ㄆㄧㄢˋ美ㄇㄟˇ麗ㄌㄧˋ的ㄉㄜ天ㄊㄧㄢ空ㄎㄨㄥ。